BEI GRIN MACHT SICH IHR WISSEN BEZAHLT

- Wir veröffentlichen Ihre Hausarbeit, Bachelor- und Masterarbeit

- Ihr eigenes eBook und Buch - weltweit in allen wichtigen Shops

- Verdienen Sie an jedem Verkauf

Jetzt bei www.GRIN.com hochladen und kostenlos publizieren

Markt- und Werbepsychologie. Das Einstellungsmodell nach Fishbein & Ajzen

Vivien Albers

Bibliografische Information der Deutschen Nationalbibliothek:

Die Deutsche Nationalbibliothek verzeichnet diese Publikation in der Deutschen Nationalbibliografie; detaillierte bibliografische Daten sind im Internet über http://dnb.d-nb.de abrufbar.

ISBN: 9783346752598
Dieses Buch ist auch als E-Book erhältlich.

Druck und Bindung: Books on Demand GmbH, Norderstedt Germany
Gedruckt auf säurefreiem Papier aus verantwortungsvollen Quellen

Das vorliegende Werk wurde sorgfältig erarbeitet. Dennoch übernehmen Autoren und Verlag für die Richtigkeit von Angaben, Hinweisen, Links und Ratschlägen sowie eventuelle Druckfehler keine Haftung.

Das Buch bei GRIN: https://www.grin.com/document/1282477

Inhaltsverzeichnis

Abkürzungsverzeichnis

A	=	Einstellung (Attitude)
Abb.	=	Abbildung
BI	=	Verhaltensabsicht (Behavioral Intention)
ELM	=	das Elaboration-Likelihood-Model
engl.	=	englisch
EVH	=	Einstellungs-Verhaltens-Hypothese
IAT	=	Implizite Assoziationstest
i.d.R.	=	in der Regel
PBC	=	wahrgenommene Verhaltenskontrolle (Perceived Behavioral Control)
SN	=	Subjektive Norm (Subjective Norm)
Tab.	=	Tabelle
TPB	=	Theorie des geplanten Verhaltens (Theory of Planned Behavior)
TRA	=	Theorie des überlegten Handelns (Theory of Reasoned Action)
u.	=	unter anderem
W	=	Gewichtung
z.T.	=	zum Teil

Abbildungsverzeichnis

Tabellenverzeichnis

Formelverzeichnis

1. **Aufgabe B1**: Einstellung

Im folgenden Kapitel wird zunächst im Unterkapitel 1.1 der Begriff „Einstellungen" definiert. Im Anschluss wird im Unterkapitel 1.2 die Relevanz des Einstellungskonstrukts in der Markt- und Werbepsychologie erörtert. Im Unterkapitel 1.3 wird dann auf die zentrale Stellung des Einstellungskonzepts in der Markt- und Werbepsychologie eingegangen. Dabei soll die Frage beantwortet werden, warum Hersteller oder Anbieter die Notwendigkeit sehen, Einstellungen durch strategische Kommunikationsarbeit zu beeinflussen.

1.1. Definition

In der Regel werden wenige Sekunden benötigt, um nahezu beliebige Objekte danach einzuteilen, ob sie positiv oder negativ zu bewerten sind. Diese Bewertungen regulieren in der Folge, was aus der Umgebung wahrgenommen wird, welche Objekte und Situationen gemieden oder aufgesucht werden und welche Menschen gemocht oder nicht gemocht werden. Auf solchen Bewertungen beruht die Einstellung. Zur Vorhersage und Beeinflussung von Verhalten wird häufig an der dazugehörigen Einstellung angesetzt (Felser, 2015, S. 254). Der Begriff „Einstellung" ist vielumfassend und wird in den verschiedensten Zusammenhängen verwendet. Viele Autoren bemühen sich seit mehreren Jahrzehnten, den Begriff einzugrenzen und zu definieren. Nachfolgend werden klassische Definitionen, in denen jeweils unterschiedliche Aspekte des Begriffs betont werden, aufgeführt (Garms-Homolová, 2020, S. 5-6):

- „Einstellungen werden als Prädispositionen definiert, auf bestimmte Klassen von Objekten in einer spezifischen Weise zu antworten. Die Art der Antwort kann kognitiv oder affektiv sein oder im Verhalten bestehen." (Rosenberg und Hovland 1960).

- „Einstellung ist eine geistige und neurale Bereitschaft eines Individuums, auf alle Objekte und Situationen zu antworten, die durch Erfahrungen hervorgerufen wird und die einen steuernden oder dynamischen Einfluss auf eben diese Antworten ausübt" (Allport 1935, S. 810).

- „Einstellung ist eine erlernte Neigung, Klassen von Gegenständen oder Menschen in Abhängigkeit von den eigenen Überzeugungen und Gefühlen ‚günstig' oder ‚ungünstig' zu bewerten." (Zimbardo und Gerrig 1996, S. 521).

- „Als ‚Einstellungen' bezeichnet man Bewertungen von Sachverhalten, Menschen, Gruppen und anderen Arten von Objekten unserer sozialen Welt." (Jonas, Stroebe & Hewstone, 2014, S. 198).

Allgemein lässt sich der Begriff als psychologische Tendenz bzw. innere Denkhaltung beschreiben, die sich darin äußert, sich selbst, andere, Objekte oder Situationen positiv oder negativ zu bewerten (Eagly und Chaiken 1993, S. 1). Eine Einstellung ist wertend und auf ein Objekt oder Verhalten bezogen. Zudem sind Einstellungen erlernt, d.h. nicht angeboren, und relativ dauerhaft (Trommsdorff und Teichert 2011, S. 126). Somit können Einstellungen als wertende, objektbezogene, gelernte, längerfristige und relativ stabile Erwartungshaltung in der Wahrnehmung verstanden werden. Einstellungen sind zudem funktional. Sie dienen als Instrumente zur Befriedigung psychologischer Bedürfnisse, z.B. sich anzupassen, orientieren und sich auszudrücken (Garms-Homolová, 2020, S. 3). Eine Unterscheidung kann zwischen expliziten und impliziten Einstellungen vorgenommen werden. Letztere sind bewusst und können willentlich geändert oder beibehalten werden. Implizite Einstellungen stellen dagegen eine unbewusste Wertung dar, welche unkontrolliert und unwillkürlich entstehen (Kessler & Fritsche, 2018, S. 55).

Ein weit verbreiteter Ansatz, um Einstellungen zu konzeptualisieren, ist das *Drei-Komponenten-Modell* (Rosenberg und Hovland, 1960). Es besteht aus der kognitiven, affektiven und konativen Komponente, welche die Einstellung beeinflussen (Abb.1). Die kognitive Komponente umfasst das Wissen über das Einstellungsobjekt und die Gedanken zum Einstellungsobjekt. So könnte ein Konsument wissen, dass Elektroautos die Umwelt weniger belasten, da sie weniger CO_2 ausstoßen als konventionelle Automobile. Die affektive Komponente bezieht sich darauf, wie der Konsument das Einstellungsobjekt emotional bewertet, z.B. inwiefern er Elektroautos gut findet. Die konative Komponente betrifft schließlich die Handlungen, die mit diesem Objekt zusammenhängen und somit die Verhaltensintention gegenüber dem Einstellungsobjekt. Die konative Komponente resultiert aus dem Zusammenspiel der eng miteinander verknüpften kognitiven und affektiven Komponente. In diesem Beispiel könnte das bedeuten, dass die Person weiß, dass Elektroautos einen vergleichsweise geringeren CO_2-Ausstoß aufweisen, dies gut findet und deshalb plant ein Elektroauto zu erwerben (Hoffmann & Akbar, 2019, S. 91). Insgesamt betrachtet haben Einstellungen so etwas wie eine Energiesparfunktion (Jonas et al. 2014). Sie erleichtern und beschleunigen die Ausführung von Urteilen.

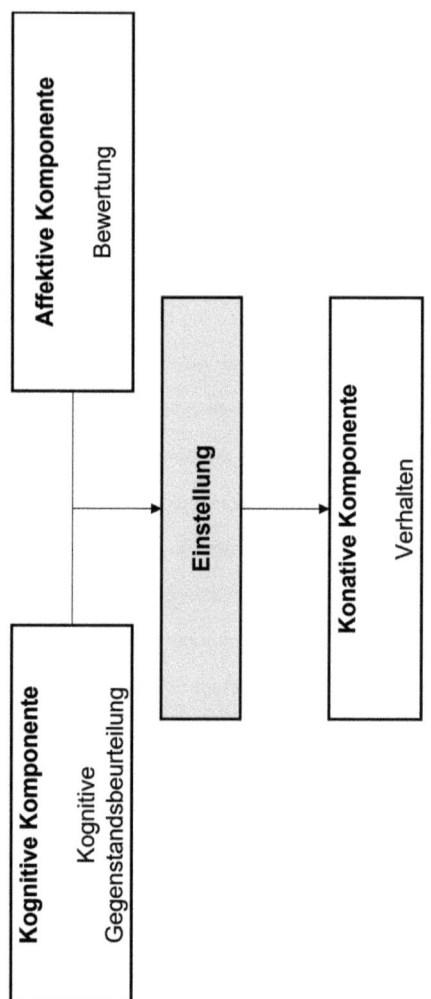

Abb. 1: Komponenten von Einstellungen

(Quelle: Eigene Darstellung in Anlehnung an Kuß & Kleinaltenkamp, 2020, S. 60)

1.2. Relevanz in der Markt- und Werbepsychologie

Aufgrund der Erklärungskraft für das Konsumverhalten sowie guter Operationalisierungsmöglichkeiten und vielfältiger Methoden der Einstellungsmessung hat das Einstellungskonstrukt eine große Bedeutung für die Markt- und Werbepsychologie, insbesondere für das Marketing, erlangt. Bspw. wird es als Basis der Erklärung und Prognose des Konsumentenverhaltens, als Basis der Erfolgskontrolle absatzpolitischer Maßnahmen, zur Ermittlung des „idealen Produkts", zur Produkt-, Einkaufs- und Leistungspositionierung oder zur Konzeption der Kommunikationspolitik herangezogen (Foscht, 2017, S. 73; Hoffmann & Akbar, 2019, S. 90). Einstellungen werden neben Motiven und Persönlichkeitsmerkmalen als diejenige Disposition verstanden, die dafür sorgen, dass eine Person sich gegenüber gleichartigen Objekten auch stehts in ungefähr gleicher Weise verhält (Felser, 2015, S. 254). Zudem regelt sie die wahrgenommene Eignung eines Gegenstandes zur Befriedigung von Motiven. Foscht, Swoboda & Schramm-Klein (2017) beschreiben die Einstellung als wesentliche Variable zur Erklärung des Käuferverhaltens und zählt diese zu den Antriebskräften menschlichen Verhaltens. Einstellungen sind auf bestimmte Objekte, z.B. ein Produkt, gerichtet über das ein subjektiv und emotional ausgerichtetes Urteil entsteht. Sie haben aus dem Bereich der aktivierenden Prozesse die größte Bedeutung für das Marketing und dienen der Prognose von Kaufentscheidungen, da sie die Bereitschaft einer Person zu bestimmten Bewertungen gegenüber eines Objekts bezeichnet (S. 69). Allerdings ist der Zusammenhang zwischen Einstellungen und Verhalten nicht ganz einfach und eindeutig. Menschen handeln nicht immer einstellungskonform. In Befragungen geben viele Menschen sehr umweltbewusst und nennen eine hohe Zahlungsbereitschaft für nachhaltige Produkte. Wirklich erreicht wird umweltfreundlichen Verhalten aber vielfach erst durch soziale Normen oder durch soziale Kontrolle des unmittelbaren Umfeldes (Hoffmann & Akbar, 2019, S. 90; Fichter, Ryf, & Basel, 2018,

S. 43). Verhalten hängt besonders dann von der Einstellung ab, wenn die Einstellung stark positiv oder stark negativ ist, während neutrale Einstellungen das Verhalten weniger beeinflusst. Zudem werden Objekte, gegenüber denen die Person eine Einstellung hat, immer bevorzugt wahrgenommen, auch wenn die Einstellung negativ ist. Für Werbung und Marketing folgt hieraus, dass zunächst einmal sichergestellt werden muss, dass eine Einstellung überhaupt besteht. Ist dies nicht der Fall, sollte darauf geachtet werden, dass Rahmenbedingungen der Wahl optimal realisiert sind, z.B. die Positionierung des Produkts. Besteht eine positive Einstellung, sollte diese auch hoch verfügbar gemacht werden, indem die Konsumenten daran erinnert werden, dass sie diese Einstellung haben, z.B. „Eltern wollen das Beste für Ihr Kind." (Felser, 2015, S. 255).

Um das *Drei-Komponenten-Modell* noch einmal aufzugreifen, sind wesentliche Annahmen des Ansatzes, dass die affektiven, kognitiven und konativen Prozesse im Konsumenten nach Konsistenz streben. Das bedeutet Fühlen, Wissen und Handeln stehen in Bezug auf ein bestimmtes Objekt stimmig zueinander. Die Veränderung einer Komponente führt demnach zur Anpassung der anderen Komponente. So führt eine Änderung der kognitiven Komponente gegenüber einem Objekt zu einer Änderung der affektiven Haltung sowie der Verhaltensabsicht gegenüber diesem Objekt. Wenn bspw. ein Konsument über Schadstoffe in Textilien liest, kann sich ein negatives Gefühl zu diesen einstellen und die affektive Komponente somit verändern. Dies macht wiederrum z.B. den Kauf eines Produkts mit diesen Textilien unwahrscheinlich, was bedeutet, dass sich die konative Komponente verändert. Das Ergebnis einer Kaufentscheidung hängt somit von den entsprechenden Einstellungen des Konsumenten ab, die sich im Rahmen der Informationsverarbeitung herausgebildet haben (Walsh, Deseniss & Kilian, 2020, S. 75-76). Insgesamt kann festgehalten werden, dass die Beeinflussung von Einstellung der Mark- und Werbepsychologie besonders nahe liegt, da Einstellungen das Verhalten der Konsumenten stark beeinflusst und so in der Markt- und Werbepsychologie ein zentrales Konstrukt darstellt.

1.3. Stellung in der Markt- und Werbepsychologie

Wie in Unterkapitel 1.2 beschrieben, nimmt das Einstellungskonstrukt einen zentralen Stellenwert in der Markt- und Webepsychologie ein. Dies liegt u.a. daran, dass zahlreiche Studien die Wirkung von Marketinginstrumenten auf die Einstellung belegen konnte und darüber hinaus die sog. *Einstellungs-Verhaltens-Hypothese* (EVH) zu Grunde gelegt wird, die den Kern des Drei-Komponenten-Modells bildet. In der EVH wird postuliert, dass Einstellungen das Verhalten bestimmen und dass somit die Kaufwahrscheinlichkeit von der Stärke der Einstellung abhängt. Da Einstellungen i.d.R. eine hohe zeitliche Stabilität aufweisen, verfestigen sie sich im Zeitablauf mit zwei Konsequenzen. Zum einen behalten Produkte und Unternehmen, die ein hohes Ansehen haben, dieses mittelfristig, auch wenn inzwischen die Produkte nicht mehr die gewohnte Qualität aufweisen. Zum anderen behalten Unternehmen ihr Image, auch wenn sie es verändern wollen. Daher beschränken sich viele Studien auf die Erhebung der Einstellung. Allerdings ist dieser Zusammenhang wie bereits in Unterkapitel 1.2 angedeutet, nur unter dem Vorbehalt aufrechtzuerhalten, wenn situative, objekt- und personenspezifische Aspekte dem nicht widersprechen (Forscht, 2017, S. 69-73). Das Ziel Einstellungen zu beeinflussen ist darin begründet, dass eine positive affektive und kognitive Einstellung zu einem Produkt, einer Marke oder einem Unternehmen auch mit positiven Verhaltenskonsequenzen verknüpft ist, z.B. einem Kauf oder Weiterempfehlungen (Walsh et al., 2020, S. 76).

Nun stellt sich die Frage, inwiefern eine Einstellungsänderung herbeigeführt werden kann. Modelle zur Einstellungsänderung unterscheiden meist idealtypisch zwei Wege der Verarbeitung. Das bekannteste dieser Modelle ist das das *Elaboration-Likelihood-*

Model (ELM) von Petty und Cacioppo (1986). Nach diesem Modell hängt die Einstellungsänderung davon ab, wie tief der Rezipient eine Botschaft verarbeitet (Abb. 1). Es werden zwei Wege beschrieben, die sich durch einen unterschiedlichen Grad der Elaboration, d.h. der Verarbeitungstiefe charakterisieren lassen. Elaboriert ein Konsument nach der zentralen Route, ist die Stärke der Argumente ausschlaggebend für die Einstellungsänderung, da ein sorgfältiges Evaluieren stattfindet. Wenn tatsächlich Einstellungsänderungen über die zentrale Route erreicht werden, so sind diese i. d. R. relativ stabil und dauerhaft. Schlägt der Konsument die periphere Route ein, setzt er sich nicht kritisch mit der Botschaft auseinander, sondern reagiert auf Hinweisreize wie z.B. die Sympathie oder Expertise des Kommunikators einer Werbebotschaft. Einstellungsänderungen, die über die periphere Route erreicht werden, sind i. d. R. eher fragil und temporär. Die Elaboration wird zum einen durch die Motivation zur Verarbeitung und zum anderen durch die Fähigkeit zur Verarbeitung bestimmt. Nach dem ELM müssen für die zentrale Verarbeitung zwingend beide Bedingungen erfüllt sein (Hoffmann & Akbar, 2019, S. 95-96; Foscht, 2017, S. 75).

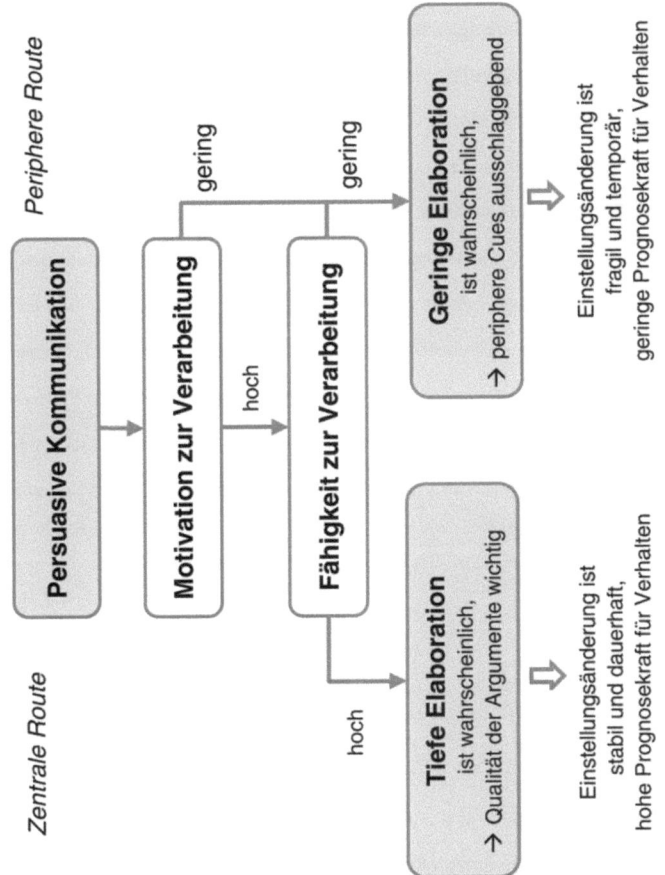

Abb. 2: Elaboration-Likelihood-Modell

(Quelle: Hoffmann & Akbar, 2019, S. 95 in Anlehnung an Petty und Cacioppo, 1986)

Für das Marketing von Unternehmen ist zudem auch die Kenntnis der Entstehung von Einstellungen, der Messung von Einstellungen der Konsumenten und der Beeinflussung von Einstellungen der Konsumenten von großer Bedeutung (Walsh et al., 2020, S. 76). In Bezug auf die Entstehung von Einstellungen enthalten direkte Erfahrungen dabei eine große Macht. Zudem gilt, dass Einstellungen, die auf direkter, unvermittelter Erfahrung beruhen, auch eher späteres Verhalten vorhersagen (Felser, 2015, S. 255). Die Aspekte Messung und Beeinflussung von Einstellungen werden in Kapitel 2 und Kapitel 3 näher erläutert. Insgesamt lässt sich festhalten, dass Hersteller und Anbieter ein besonderes Interesse daran haben zu erfahren, wie Einstellungen entstehen und eine Einstellungsänderung vorgenommen wird, da diese Kenntnis ihnen ermöglicht, Einstellungen der Konsumenten gegenüber ihren Produkten und Dienstleistungen gezielt zu beeinflussen (Walsch, 2020, S. 76). Dieses Interesse ist maßgeblich für die Innovation und den Absatz Ihrer Produkte und Dienstleistungen (Fichter, 2018, S. 42).

2. **Aufgabe B2:** Einstellungsmodell nach Fishbein & Ajzen

In Unterkapitel 2.1 wird zunächst die Theorie des überlegten Handelns nach Fishbein & Ajzen (1973) vorgestellt und zentrale Komponenten des Modells erläutert. Im Unterkapitel 2.3 wird dann exemplarisch eine valide und reliable Methode der Messung der einzelnen Einstellungskomponenten erläutert.

2.1. Theorie des überlegten Handelns

Die Theorie des überlegten Handelns (engl.: Theory of Reasoned Action, TRA) ist eine kognitive Theorie, die einen konzeptionellen Rahmen für das Verständnis menschlichen Verhaltens in bestimmten Kontexten bietet. Sie wird häufig zur Unterstützung der Prognose und Erklärung volitionaler, d.h. geplanter oder bewusster Verhaltensweisen herangezogen (LaCaille, 2013, S. 1964; Foscht, 2017, S. 70). Genauer versucht die Theorie den Zusammenhang zwischen Einstellungen, subjektiv empfundenen Erwartungen und volitionalen Verhalten zu erklären. Die vielfältigen Anwendungsgebiete reichen dabei vom Gesundheitswesen bis hin zu marketingspezifischen Managementfragen (Wehner, Kabst, Meifert, Cunz, 2012, S. 917). Die TRA postuliert, dass der stärkste und naheliegendste Prädiktor für volitionales Verhalten die *Verhaltensabsicht* ist. Dieses setzt sich laut Modell zusammen aus einem individuellen Einfluss und einem normativen Einfluss. Der Individuelle Einfluss ist die Einstellung einer Person gegenüber der Ausführung des volitionalen Verhaltens. Der normative Einfluss ist die von der Person wahrgenommenen Erwartungen anderer Personen in Bezug auf das Verhalten und wird als subjektive Norm bezeichnet. In ihrer Grundform kann die TRA als folgende mathematische Formel ausgedrückt werden (Hale et al., 2002, S. 259-260):

$$BI = (A_B) \cdot W_1 + (SN) \cdot W_2$$

Form. 1: Grundform TRA

(Quelle: Hale et al., 2002, S. 260)

BI präsentiert die Verhaltensabsicht. Die Verhaltensabsicht ist somit eine Funktion aus A_B, die Einstellung dem Verhalten gegenüber, und *SN*, die subjektive Norm bezüglich der Verhaltensausführung. *W* repräsentiert die empirisch abgeleitet

Gewichtung. Die TRA postuliert, dass willentliche Verhaltensweisen direkt von Verhaltensintentionen beeinflusst werden und dass Verhaltensabsichten das Ergebnis von sowohl Einstellungen gegenüber der Ausführung der Verhaltensweise als auch die subjektiven Normen, die mit der Verhaltensweise verbunden sind, ist. Dieser Zusammenhang lässt sich auch schematisch in einem Kausalmodell darstellen (Abb. 3).

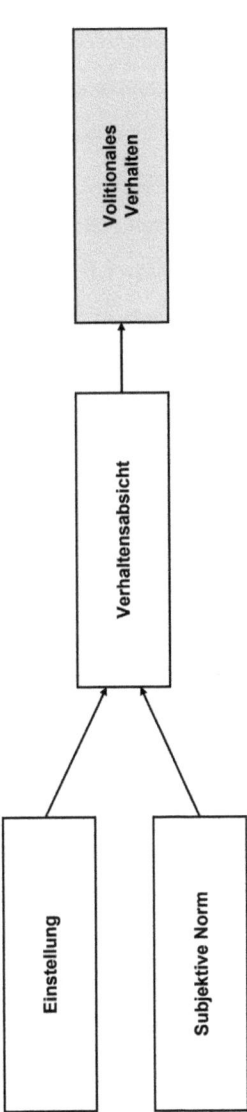

Abb. 3: Kausaldiagramm der Basiskomponenten der Theory of Reasoned Action

(Quelle: Eigene Darstellung in Anlehnung an Hale, Householder & Greene, 2002, S. 261)

Die Grundform der Theorie wirft allerdings zusätzliche Fragen auf, weswegen sie um zusätzliche Komponenten erweitert wird. Eine der Schlüsselkomponenten der TRA ist die Einstellung gegenüber dem volitionalen Verhalten. Fishbein und Ajzen (1975) haben vorgeschlagen, dass eine Einstellung zur Ausführung eines bestimmten Verhaltens eine Funktion der Überzeugung ist, die eine Person in Bezug auf das bestimmte Verhalten hat. Dieser Teil der TRA ist dem Summativen Modell der Einstellung (engl.: summative model of attitude; Fishbein, 1967) entnommen. Dies Komponenten werden in einem sog. Erwartungs-X-Wert-Produkt zusammengeführt (Hoffmann & Akbar, 2019, S. 93):

$$A_B = \Sigma b_i \cdot e_i$$

Form. 2: X-Wert-Produkt der TRA

(Quelle: Hale et al., 2002, S. 261)

Die eigene Einstellung zum Verhalten A_B ist die Summe aus der Überzeugungsstärke b und der Bewertung der Überzeugung e. Überzeugungen verknüpfen allgemein ein Attribut mit einem Verhalten oder einer Einstellung. Die Stärke der Überzeugung ist die Gewissheit, mit der die Überzeugung vertreten wird. Die Bewertung der Überzeugung ist das Ausmaß, in dem das Attribut als positiv oder negativ bewertet wird (Hale et al., 2002, S. 161). Die zweite Schlüsselkomponente der Theorie ist die subjektive Norm. Die subjektive Norm ist eine Funktion aus einer normativen Überzeugung und der Motivation, dieser normativen Überzeugung Folge zu leisten. Die normative Überzeugung ist die wahrgenommene Erwartung von anderen Menschen in Bezug auf das Verhalten. Die Motivation ist der reale oder eingebildete Druck, den sozialen Anforderung entsprechen (Homburg, 2020, S. 44). Die subjektive Norm wird mathematisch wie folgt ausgedrückt:

$$SN = \Sigma b_j \cdot m_j$$

Form. 3: Subjektive Norm

(Quelle: Hale et al., 2002, S. 162)

Die Normative Überzeugung *SN* ergibt sich aus der wahrgenommenen Erwartung anderer Menschen b_j und der Motivation, den wahrgenommenen Erwartungen zu entsprechen m_j (Hale et al., 2002, S. 162). Abb. 4 zeigt das Kausaldiagramm mit den vollständigen Komponenten der TRA.

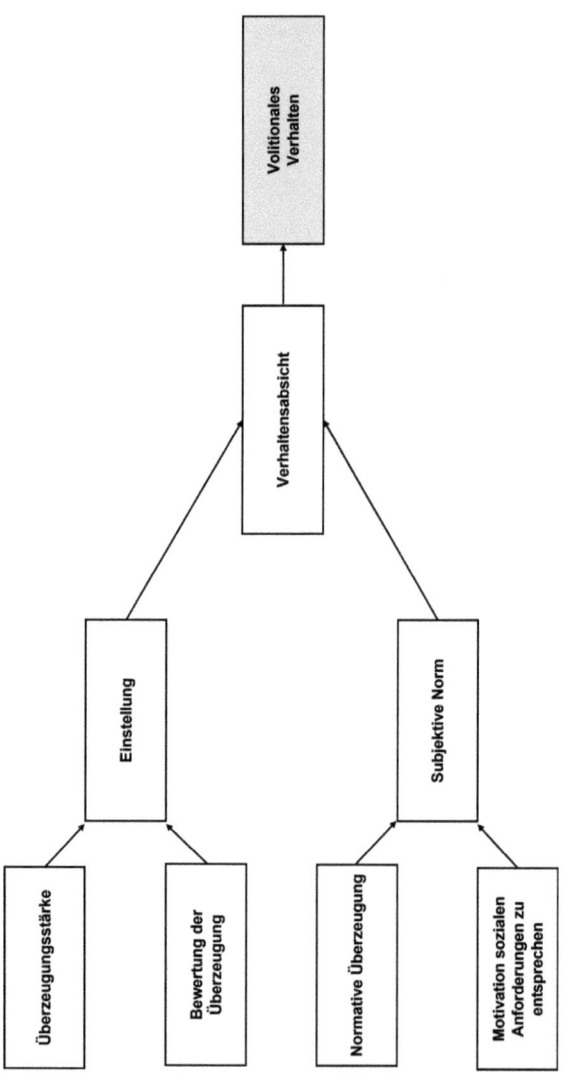

Abb. 4: vollständiges Kausaldiagramm der Theory of Reasoned Action

(Quelle: Eigene Darstellung in Anlehnung Ajzen & Fishbein, 1973, S. 41)

Die TRA wurde von Ajzen (1985) zur Theorie des geplanten Verhaltens (engl.: Theory of Planned Behavior; TPB) weiterentwickelt. Eine kurze Erläuterung dieser Theorie ist in Anhang A zu finden.

2.2. Messmethoden der einzelnen Einstellungskomponenten

Zur Messung von Einstellungen existieren eine Reihe von unterschiedlichen Verfahren, die sich jeweils an der Drei-Komponenten-Theorie orientieren (Abb. 6). Die Einstellungsmessung kann unterschieden werden in eindimensionale und mehrdimensionale Methoden. Bei eindimensionalen Messmethoden wird lediglich eine zusammenfassende Bewertung abgefragt, während mehrdimensionale Messmethoden eine komplexere Struktur der Einstellung erfassen. Die Gesamteinstellung wird hier aus mehreren Bewertungsdimensionen zusammengesetzt (Hoffmann & Akbar, 2019, S. 93-94). Weiterhin lassen sich bei der Einstellungsmessung direkte und indirekte Verfahren unterscheiden. Währen im Rahmen direkter Methoden Personen ihre Einstellung im Selbstbericht angeben, werden Einstellungen im Falle indirekter Methoden aus Leistungsmaße wie die Reaktionszeit und Fehlerquote erschlossen (Werth, Denzler & Mayer, 2020, S.304).

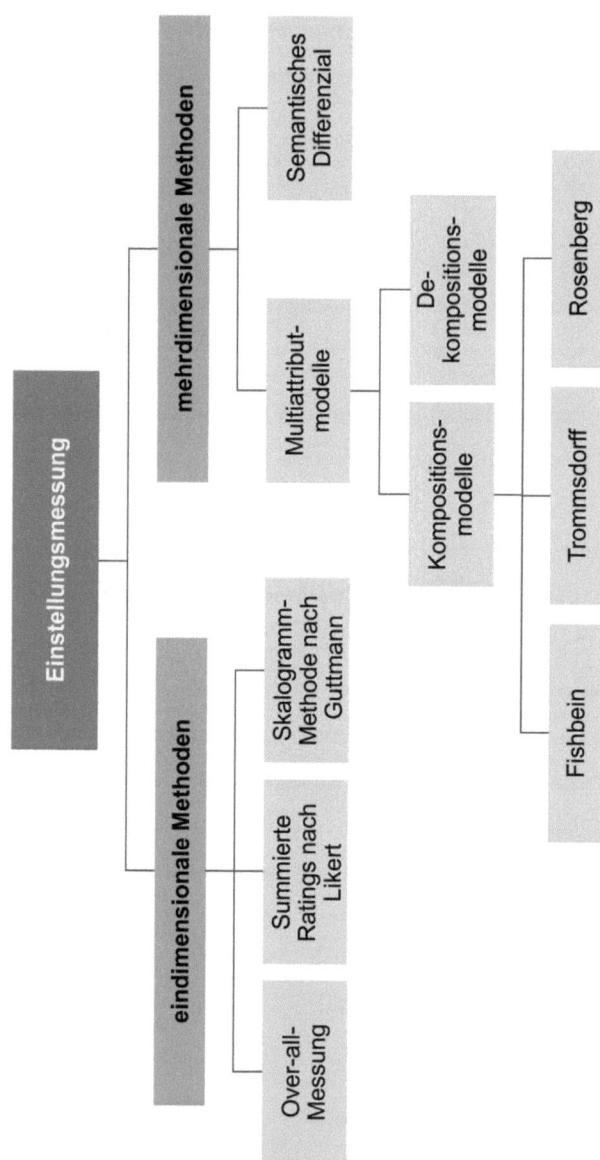

Abb. 5: Verfahren der Einstellungsmessung

(Quelle: Foscht et al., 2017, S. 76)

Im Folgenden wird Bezug auf das vorangegangene Modell von Fishbein & Ajzen (1973) genommen. Wichtig ist zunächst die einzelnen Komponenten klar zu definieren und angemessen zu operationalisieren (Fishbein & Ajzen, 2010, S.10). Zur Einstellungsmessung sind dichotome Messmethoden besonders geeignet. Eine sehr beliebte und in vielerlei Hinsicht die einfachste Methode zur Bewältigung dieser Aufgabe ist das von Osgood, Suci und Tannenbaum (1957) entwickelte semantische Differential. Bei der Verwendung des semantischen Differentials zur Messung von Einstellungen werden die Befragten gebeten, das Einstellungsobjekt auf einer Reihe von bipolaren evaluativen Adjektivskalen zu bewerten, die in der Regel sieben Antwortmöglichkeiten aufweisen. Die Summe oder der Mittelwert über alle Skalen wird als Maß für die Einstellung der Person genommen. Je höher die Punktzahl, desto positiver ist die Einstellung des Befragten gegenüber dem Einstellungsobjekt (Fishbein & Ajzen, 2010, S. 20, 79). Gemessen werden die Komponenten *Einstellungen, Subjektive Norm, Verhaltensintentionen* und *Verhalten* des TRA Modells. Nach Mayer & Illmann (2000) ist zunächst das Verhalten zu definieren, das untersucht werden soll, d.h. die Handlung, das Handlungsziel, der Kontext und die Zeit sind zu bestimmen. Das Verhalten kann z.B. der Kauf eines neuen Autos in den nächsten 12 Monaten sein. Danach ist die korrespondierende Verhaltensabsicht festzulegen. Die Operationalisierung erfolgt mittels des Items: Ich plane, in den nächsten 12 Monaten ein neues Auto anzuschaffen. Zur Beantwortung dieses Items wird die in Tab. 1 dargestellt Skala vorgegeben.

wahrscheinlich								unwahrscheinlich
	sehr	ziemlich	etwas	Weder noch	etwas	ziemlich	sehr	

Tab. 1: Skala Item Verhaltensintention

(Quelle: Eigene Darstellung in Anlehnung an Mayer & Illmann, 2000, S. 143)

Nun sind die subjektive Norm und die Einstellung zu definieren. Die Einstellung sowie die Subjektive Norm bezieht sich in diesem Beispiel auf den Kauf eines neuen Autos. Die Operationalisierung dieser beiden Konstrukte könnte wie folgt aussehen (Tab. 2; Tab. 3):

nachteilig								vorteilhaft
schlecht								gut
bestrafend								belohnend
unangenehm								angenehm
	sehr	ziemlich	etwas	weder noch	etwas	ziemlich	sehr	

Tab. 2: Skala Item Einstellung

(Quelle: Eigene Darstellung in Anlehnung an Mayer & Illmann, 2000, S. 143)

Die meisten Personen, die für mich wichtig sind, meinen…							
Ich sollte							Ich sollte nicht
…. Mir ein neues Auto in den nächsten 12 Monaten kaufen.							

Tab. 3: Skala Item Subjektive Norm

(Quelle: Eigene Darstellung in Anlehnung an Mayer & Illmann, 2000, S. 143)

Dieses Beispiel veranschaulicht die Vorgehensweise bei der Konstruktion eines Standard-Fragebogens. Sie ist modifizierbar und dem jeweiligen Untersuchungsgegenstand anzupassen (Mayer & Illmann, 2000, S. 145). Bei dem Multiattributmodell von Fishbein & Ajzen (1975) werden sowohl affektive als auch kognitive Aspekte der Einstellung ermittelt. Die die Standardisierung des Messverfahrens erfolgt in Abhängigkeit vom Einstellungsobjekt. Die Messung bezieht sich auf konkrete Merkmale eines Objektes wie z.B. die Farbe, Schnelligkeit, Konstruktionsweise oder Sicherheit eines Autos. Nach diesem Modelltyp ist sind im ersten Schritt Eigenschaften des

Einstellungsgegenstands zu ermitteln, die für die subjektive Einstellungsbildung maßgebend sind. Eigenschaften, die spontan genannt werden, wenn z.b. eine Marke gekennzeichnet werden soll, gelten als einstellungsrelevante Eigenschaften (Kroeber-Riel & Gröppel-Klein, 2019, S. 231).

Eine wichtige Voraussetzung für die Validität der Messmethode ist, dass das Maß für die Verhaltensintention mit dem Verhaltenskriterium in Bezug auf seinen Grad an Allgemeinheit oder Spezifität kompatibel ist. Die Validität gibt den Grad der Genauigkeit des Tests an und befasst sich mit der inhaltlichen Übereinstimmung zwischen dem vom Test gemessenen Merkmal und dem Merkmal, welches gemessen werden soll (Moosbrugger & Kelava, 2020, S. 30). Das heißt, die Messung der Verhaltensintention sollte genau dieselben Handlungs-, Ziel-, Kontext- und Zeitelemente umfassen, wie die Messung des Verhaltens. Dieses Prinzip wird als Kompatibilitätsprinzip bezeichnet. Eine weitere Voraussetzung ist die sinngemäße Verständlichkeit der Items sowie die Durchführung einer Itemanalyse, eines sog. Pretests. Dies dient der Prüfung, ob ein Item tatsächlich die zu messende Dimension trifft (Kämpfe, 2005, S. 7; Kroeber-Riel & Gröppel-Klein, 2019, S. 231). Die Validität des vorgestellten Fragebogens ist durch seine Standardisierung gesichert. Die Reliabilität ist der Grad der Zuverlässigkeit eines Tests und betrifft damit die Messgenauigkeit (Moosbrugger & Kelava, 2020, S. 27). Eine bessere Reliabilität wird erreicht, indem Items mehrmals, jedoch in anderen Worten formuliert, in der Befragung auftauchen (Fishbein & Ajzen, 2010, S. 44). Ein Beispiel zeigt Abb. 9. Die Sicherung der Reliabilität ist allerdings bei der Erfassung von Einstellungskonstrukten schwierig, da Einstellungen von vielen Faktoren abhängig sind. Zur Prüfung der Reliabilität können Verfahren daher wie die Retest- oder Split-Half-Methode angewendet werden.

1. Ich habe vor in den nächsten 12 Monaten ein Auto zu kaufen

sehr unwahrscheinlich 1 | 2 | 3 | 4 | 5 | 6 | 7 | sehr wahrscheinlich

2. Ich plane in den nächsten 12 Monaten ein Auto zu kaufen

definitiv nein | 1 | 2 | 3 | 4 | 5 | 6 | 7 | definitiv ja

Abb. 6: Beispiel Fragebogen-Items zur Messung der Verhaltensintention

(Quelle: Eigene Darstellung in Anlehnung an Fishbein & Ajzen, 2010, S. 44)

3. **Aufgabe B3**: Praktische Anwendung des Einstellungsmodells

Im Kapitel 3 wird ein fiktives Projekt vorgestellt, in dem die praktische Anwendung des Einstellungsmodells nach Fishbein & Ajzen (1973) auf das Thema Gesundheitskommunikation dargestellt wird. Das Projekt wird im Unterkapitel 3.1 zunächst kurz beschrieben. Mithilfe von Beispielen wird im Unterkapitel 3.2 dargestellt, auf welchen Wegen und mit welchen Mitteln die thematisierte Einstellung beeinflusst werden soll. Im Unterkapitel 3.3 wird dann evaluiert, ob der Versuch, die Einstellung bei den Rezipienten zu verändern, erfolgreich war.

3.1. Influencer Marketing in der Gesundheitskommunikation

Digitale Marketingmaßnahmen sowie Online-Marketing gewinnen immer mehr an Bedeutung. Aus diesem Grund gelten Influencer als die aktuellen Hoffnungsträger des digitalen Marketingzeitalters. Als Influencer werden Personen bezeichnet, die einen hohen Einfluss auf bestimmte Anspruchs- und Zielgruppen haben und deren Meinung beeinflussen. Da Influencer in sozialen Medien stark präsent sind und über hohes Ansehen verfügen, nutzen immer mehr Unternehmen Influencer als Botschafter, um die Bekanntheit von Marken, Produkten oder Dienstleistungen zu steigern und deren Sichtbarkeit an zentralen Stellen zielgruppenkonform zu erhöhen. Unternehmen, die Influencer für Marketing und -Kommunikationszwecke einsetzen, zielen darauf ab, sowohl die Glaubwürdigkeit als auch die Wichtigkeit der eigenen Markenbotschaften auf Grundlage des Vertrauens der einzelnen Anspruchsgruppen zu den eingesetzten Influencern zu erhöhen (Terstiege & Bembenek, 2020, S. 61-62). Auch in der Gesundheitskommunikation gehören Influencer zunehmend zum festen Bestandteil der Kommunikationsklaviatur. Hier sind sie bislang unter dem Begriff „Meinungsbildner" bekannt und primär in der Wissenschaft beheimatet. Die zunehmende Demokratisierung von Informationen führt zum Verlust der Informationshoheit der klassischen Ansprechpartner und Kanäle. Dieser Verlust der Informationshoheit ist für die bekannten Mitgestalter im Gesundheitsmarkt, bspw. Ärzte, Krankenkassen oder Unternehmen, auf der ersten Blick beängstigend. Doch er birgt auch Chancen (Terstiege & Bembenek, 2020, S. 214). Das Pharmaunternehmen PUREHEALTH möchte diese Chance nutzen und mithilfe von Influencer-Marketing neue Möglichkeiten der Informationsvermittlung und Beratung erschließen. Das Unternehmen möchte Patienten durch authentische Inhalte über Krebs aufklären und auf ihrer Website valide Informationen bereitstellen. Ziel des Unternehmens ist es, den emotionalen Bedürfnissen und dem Wunsch nach Orientierung für Gesundheitsinteressierte oder erkrankte

Menschen Rechnung zu tragen. Das Unternehmens wünscht sich, dass Influencer helfen, mit den Patienten auf Augenhöhe agieren sowie glaubwürdige und verlässliche Gesundheitsinformationen vermitteln. Daher bemüht sich das Unternehmen um Influencer die selbst auch Krebs erkrankt sind oder es waren. Der Einsatz von Influencern soll von der Informationsvermittlung bis schließlich hin zur Produktkommunikation reichen. Da Influencer vor allem im Lifestyle-Bereich bekannt sind und bisher vor allem Experten der Gesundheitsbranche, wie Ärzte und Wissenschaftler, als Informationsvermittler im Vordergrund standen, möchte das Unternehmen die Einstellung der Patienten gegenüber Influencern verändern und eine größere Akzeptanz schaffen. Das in Kapitel 2 vorgestellte TRA-Modell von Fishbein & Ajzen (1973) sowie das in Kapitel 1 vorgestellte Elaborations-Likelihood-Modell sollen zur Erläuterung als Grundlagen dienen.

3.2. Wege und Mittel der Einstellungsänderung

Die Einstellung der Patienten gegenüber Influencern in der Gesundheitsbranche soll verändert werden. Entsprechend des TRA Modells nach Fishbein & Ajzen (1973) lassen sich die Komponenten *Einstellung, Subjektive Norm, Verhaltensintention* und *Verhalten* folgendermaßen eingeordnet werden: Im Projekt entspricht die Einstellung der Einstellung von Patienten gegenüber Influencern speziell in Bereich der Gesundheitskommunikation. Bei der subjektiven Norm handelt es sich um die wahrgenommene Akzeptanz wichtiger anderer Personen gegenüber Influencern im Gesundheitsbereich. Hier stellt sich die Frage, ob Angehörige des Patienten Influencer für glaubwürdig und zuverlässig halten. Die Verhaltensintention bzw. Verhaltensabsicht bezieht sich in diesem Fall auf die Absicht, vermittelte Informationen der Influencer

27

wahrzunehmen und auf Angebote des Unternehmens einzugehen. Das Verhalten äußert sich schließlich darin, ob die von Influencern vermittelten Informationen akzeptiert werden und diesen Influencern zukünftig bezüglich Gesundheitsinformationen vertraut wird. Das Verhalten kann sich ebenso im Kauf von Produkten des Unternehmens PUREHEALTH äußern. Um das gewünschte Verhalten hervorzurufen, werden im folgenden Wege und Mittel der Einstellungsänderung bezogen auf das Projekt vorgestellt.

Die Kommunikation hat einen bedeutenden Einfluss auf die Einstellungsänderung sowie auf ihre Erhaltung. Das in Kapitel 1 bereits vorgestellte ELM von Petty und Cacioppo (1986) zeigt, wie eine effektive Kommunikation aussehen muss, um eine erfolgreiche Einstellungsänderung und -erhaltung zu leisten (Garms-Homolova, 2020, S. 4). Das Pharmaunternehmen PUREHEALTH möchte die Einstellung der Patienten durch Influencer-Marketing durch sowohl über den zentralen als auch den peripheren Weg der Überredung verändern. Auf dem zentralen Weg der Überredung zählen vor allem Argumente. Zunächst soll Authentizität geschaffen werden. Die Möglichkeit soll genutzt werden, durch Influencer authentisch auf Angehörige mit der jeweiligen Zielgruppe zu kommunizieren. Dies geschieht, indem Influencer über eigene Erfahrungen mit der Krebserkrankung über Social-Media-Kanäle berichten. Dabei wird kein vorgefertigtes Redemanuskript gegeben. Influencer sollen ihre Zuhörer persönlich ansprechen. Der Influencer nimmt dabei die Position des Vermittlers in der Kommunikation zwischen Unternehmen und Zielgruppe ein. Die Informationen von „echten" Menschen soll vertrauenswürdiger wirken als die von Unternehmen. Jüngere Zielgruppen werden angesprochen, da diese sich heute primär über das Smartphone informieren. Die Inhalte sollen durch die Vermittlung von Influencern in Sozialen Medien leichter zugänglich gemacht werden. Das Unternehmen hat so die Chance, in einem rechtlich korrekten Rahmen gemeinsam mit Influencern ihre Inhalte direkt zu verbreiten und publizieren. Zielgruppen werden direkt und ohne Streuverluste erreicht, indem die

Inhalte von Influencern kommuniziert werden, die auf eine bestimmte Erkrankung spezialisiert sind. Etwa weil sie selbst oder Angehörige an dieser Erkrankung leiden. Anstatt also bspw. in einem allgemeinen Publikumsmagazin zu einer speziellen Erkrankung zu kommunizieren, bietet es sich an, mit einem Influencer zu arbeiten, der sich monothematisch mit der Erkrankung auseinandersetzt (Terstiege & Bembenek, 2020, S. 214-215). Auf peripheren Weg beeinflussen immer mehr äußere Reize, die nicht somit den Inhalten der Kommunikation zu tun haben, die Verarbeitung Influencers (Felser, 2015, S. 275). Ein solcher Reiz ist bspw. die Beliebtheit oder Sympathie des Influencers. Das Unternehmen bemüht sich daher, Influencer zu beauftragen, die eine angemessen große Fan-Community haben, um Ihre Informationen zu vermitteln. Wichtig ist dabei auch die Glaubwürdigkeit des Influencers selbst. Wenn eine Quelle im Ruf steht, unrichtige oder verzerrte Informationen zu verarbeiten wird ihr misstraut (Felser, 2015, S. 276). Wird z.B. deutlich, dass es sich bei den Aussagen des Influencers um ein vorgefertigtes Redemanuskript handelt, sinkt die Glaubwürdigkeit des Sprechers. Das Unternehmen ist daher bemüht, Influencer zu finden, die tatsächlich Erfahrungen mit der spezifischen Erkrankung gemacht haben, über die sie auf authentische Weise berichten können. Im Vordergrund steht bei der Einstellungsänderung also die Verbreitung der Markenbotschaft, eine stringente Positionierung der Marke PUREHEALTH und die Erhöhung der Markenbekanntheit innerhalb der relevanten Zielgruppe. Der Influencer kennt seine Community und weiß, wie er Themen aufbereiten muss, damit sie glaubwürdig sind und zu fruchtbaren Interaktionen führen. Um eine erfolgreiche Zusammenarbeit mit den Influencern zu gewährleisten, wird daher im ersten Schritt zum Aufbau von Influencer Relation ein ganztätiger Workshop organisiert, in dem Inhalte vermittelt werden und ein erstes Feedback gegeben wird (Terstiege & Bembenek, 2020, S. 62, 221).

3.3. Erfolgsevaluation

Die Einstellungsänderung sowie Kundenzufriedenheit kann mithilfe von Einstellungs-messmethoden wie Fragebogen (Unterkapitel 2.2) oder Interviews erhoben werden (Fichter, 2018, S. 63-64). Um herauszufinden, ob sich die Einstellung der Kunden gegenüber Influencern verändert hat, wird im Vorhinein ein Fragebogen nach dem Multiattributmodell nach Fishbein & Ajzen an alle Bestandskunden per E-Mail versen-det. Zur Motivation den Fragebogen tatsächlich auszufüllen, wird die Teilnahme mit einem Gewinnspiel gekoppelt. Nachdem die Kampagne durchgeführt wurde, wird der Fragebogen im gleichen Format noch einmal verschickt. Das Ergebnis zeigt, dass sich Menschen durch authentische Erfahrungsberichte der Influencern persönlich an-gesprochen und verstanden gefühlt haben. Die Berichte werden für vertrauenswürdig gehalten. Das Bild Influencern gegenüber hat sich allgemein positiv verändert. Das Unternehmen PUREHEALTH möchte daher auch in Zukunft die Chance nutzen mit Influencern kooperieren und diese z.B. in Werbekampagnen einzusetzen.

Ajzen, I. (1985). From intentions to actions. A theory of planned behavior. In Kuhl, J. & Beckman, J. (Hrsg.), *Action Control*. Berlin, Heidelberg: Springer, S. 11–39.

Ajzen, 1. (1991). The theory of planned behavior. *Organizational Behavior and Human Decision Processes, 50, S.* 179-211.

Ajzen, I. & Fishbein, M. (1973). Attitudinal and normative variables as predictors of specific behavior. *Journal of Personality and Social Psychology, 27(1).*

Ajzen, I. & Fishbein, M. (1975). *Belief, attitude, intention, and behavior: An introduction to theory and research.* Reading: Addison-Wesley.

Ajzen, I. & Fishbein, M. (2010). *Predicting and Changing Behavior. The Reasoned Action Approach.* New York, Hove: Psychology Press.

Akbar, P. & Hoffmann, S. (2019). Einstellung . In: *Konsumentenverhalten.* Wiesbaden: Springer Gabler. https://doi.org/10.1007/978-3-658-23567-3_6

Allport, G. W. (1935). Attitudes. In Murchison, C. M. (Hrsg.*), Handbook of social psychology.* Worcester, MA: Clark University Press, S. 798–884.

Bandura, A, (1982). Self-efficacy mechanism in hu-man agency. *American Psychologist, 37*, S. 122- 147.

Basel, J., Fichter & C., Ryf, S. (2018). Konsum. In Fichter, C. (Hrsg.) Wirtschaftspsychologie für Bachelor. Springer-Lehrbuch. Berlin, Heidelberg: Springer. https://doi.org/10.1007/978-3-662-54944-5_2

Bembenek, S. & Terstiege, M. (Hrsg.) (2020). *Effiziente Marketingkampagnen – Erfolgsfaktoren von Effie-Gewinnern. Konzepte erfolgreicher und wirkungsvoller*

Werbekommunikation. Wiesbaden: Springer Gabler. https://doi.org/10.1007/978-3-658-27397-2

Chaiken, S. & Eagly, A. H., (1993). *The psychology of attitudes.* Forth Worth: Harcourt.

Cunz, L.M., Kabst, R., Meifert, M. & Wehner, M. (2012). Der Personalverantwortliche als strategischer Partner. *Z Betriebswirtsch 82,* S. 913–933. https://doi.org/10.1007/s11573-012-0613-9

Denzler, M., Mayer, J. & Werth, L. (2020). *Sozialpsychologie – Das Individuum im sozialen Kontext. Wahrnehmen – Denken – Fühlen* (2. Auflage). Heidelberg, Berlin: Springer. https://doi.org/10.1007/978-3-662-53897-5

Deseniss, A., Killian, T. & Walsh, G. (2020). Konsumentenverhalten. In *Marketing.* Berlin, Heidelberg: Springer Gabler. https://doi.org/10.1007/978-3-662-58941-0_2

Felser, G. (2015). Explizite und implizite Einstellungen und ihre Beziehung zum Verhalten. In *Werbe- und Konsumentenpsychologie.* Berlin, Heidelberg: Springer. https://doi.org/10.1007/978-3-642-37645-0_13

Fichter, C. (Hrsg.) (2018). Kunden. In *Wirtschaftspsychologie für Bachelor.* Springer-Lehrbuch. Berlin, Heidelberg: Springer. https://doi.org/10.1007/978-3-662-54944-5_3

Foscht, T., Schramm-Klein, H. & Swoboda, B. (2017). Psychische Erklärungskonstrukte des Konsumentenverhaltens. In: *Käuferverhalten.* Wiesbaden: Springer Gabler. https://doi.org/10.1007/978-3-658-17465-1_5

Fritsche, I. & Kessler, T. (2018). Einstellungen. In: *Sozialpsychologie.* Basiswissen Psychologie. Springer, Wiesbaden. https://doi.org/10.1007/978-3-531-93436-5_4

Garms-Homolová, V. (2020). Einstellung: Begriff, Konzepte und praktische Bedeutung. In: *Sozialpsychologie der Einstellungen und Urteilsbildung.* Psychologie für

Studium und Beruf. Berlin, Heidelberg: Springer. https://doi.org/10.1007/978-3-662-62434-0_1

Gerrig, R.J. & Zimbardo, P.G. (1996). *Psychologie.* (7., neu übersetzte und bearbeitete Auflage). Berlin, Heidelberg, New York: Springer.

Greene, K.L., Hale, J.L. & Householder, B.J. (2002). The Theory of Reasoned Action. In Dillard, J.P. & Pfau, M. (Hrsg.) *The SAGE Handbook of Persuasion. Developments in Theory and Practice* (2. Auflage). Thousand Oaks, London, Greater Kailash: Sage Publications Inc. https://doi.org/10.4135/9781452218410

Gröppel-Klein, A. & Kroeber-Riel, W. (2019). Konsumentenverhalten (11. Auflage). München: Franz Vahlen Verlag. https://doi.org/10.15358/9783800660346

Hewstone, M., Jonas, K. & Stroebe, W. (Hrsg.) (2014*). Sozialpsychologie* (6. Auflage). Berlin, Heidelberg: Springer.

Homburg, C. (2020). Das Verhalten der Konsumenten. In *Grundlagen des Marketingmanagements.* Wiesbaden: Springer Gabler. https://doi.org/10.1007/978-3-658-29638-4_2

Hovland, C. I. & Rosenberg, M. J. (1960). Cognitive, affective, and behavioral components of attitudes. In Hovland, C. I. & Rosenberg, M. J. (Hrsg.), *Attitude organization and change: An analysis of consistency among attitude components.* New Haven, CT: Yale University Press, S. 1–14.

Illmann, T. & Mayer, H. (2000). *Markt- und Werbepsychologie* (3. Auflage). Stuttgart: Schäffer-Poschel Verlag.

Kämpfe, N. (2005). *Konstruktvalidierung von sozialen Einstellungen aus impliziten und expliziten Einstellungsmessungen.* Dissertation. Jena: Friedrich-Schiller-Universität. Fakultät für Sozial- und Verhaltenswissenschaften.

Kelava, A. & Moosbrugger, H. (2020). *Testtheorie und Fragebogenkonstruktion* (3. Auflage). Berlin, Heidelberg: Springer. https://doi.org/10.1007/978-3-662-61532-4

Kleinaltenkamp, M. & Kuß, A. (2020). Grundzüge des Käuferverhaltens. In: *Marketing-Einführung*. Wiesbaden: Springer Gabler. https://doi.org/10.1007/978-3-658-29512-7_3

LaCaille, L. (2013) Theory of Reasoned Action. In Gellman, M.D. & Turner, J.R. (Hrsg.). *Encyclopedia of Behavioral Medicine.* New York: Springer. https://doi.org/10.1007/978-1-4419-1005-9

Mangold, R. (2014). Werbepsychologie. In Holland, H. (Hrsg.) *Digitales Dialogmarketing*. Wiesbaden: Springer Gabler. https://doi.org/10.1007/978-3-658-02541-0_2

Montgomery, N. V. & Rajagopal, P. (2011). I imagine, I experience, I like: The false experience effect. *Journal of Consumer Research, 38(3)*, S. 578–594.

Osgood, C. E., Suci, G. J., & Tannenbaum, P. H. (1957). *The measurement of meaning.* Urbana: University of Illinois Press.

Teichert, T. & Trommsdorff, V., (2011). *Konsumentenverhalten* (8. Auflage). Stuttgart: Kohlhammer.

Anhang A: Theorie des geplanten Verhaltens

Die TRA wurde von Ajzen (1985) zur Theorie des geplanten Verhaltens (engl.: Theory of Planned Behavior; TPB) weiterentwickelt. Während die TRA versucht volitionale Verhaltensweisen zu erklären und prognostizieren, versucht die TPB eine Erklärung bzw. Prognose von Verhaltensweisen, die nicht vollständig der willentlichen Kontrolle des Akteurs unterliegen. Die TPB enthält daher im Vergleich zu ihrer Vorgängerin noch eine zusätzliche Variable: die wahrgenommene Verhaltenskotrolle. Die wahrge-nommene Verhaltenskontrolle umfasst alle nicht-motivierenden, aber zugleich not-wendigen Faktoren, um eine Handlung auszuführen, z.B. Geld, eigene Fähigkeiten, Zeit, etc. Zur Erfassung der wahrgenommenen Verhaltenskontrolle wird aus diesem Grund danach gefragt, ob sich eine Person in der Lage fühlt, ein bestimmtes Verhal-ten auszuführen (Wehner et al., 2012, S. 915). Das Konstrukt der wahrgenommenen Verhaltenskontrolle ist nach Ajzen (1991) am ehesten verwandt mit dem Konstrukt der Selbstwirksamkeit nach Bandura (1982). Dieser beschreibt die Selbstwirksamkeit als Einschätzung, wie gut eine Person Handlungsabläufe ausführen kann, die erfor-derlich sind, um mit zukünftigen Situationen umzugehen (S. 122). Im Modell wird an-genommen, dass die wahrgenommene Verhaltenskontrolle eine Funktion aus der Kontrollüberzeugung und der wahrgenommenen Macht ist. Kontrollüberzeugungen beziehen sich auf das Vorhandensein oder Nichtvorhandensein von Ressourcen und Möglichkeiten, die für die Ausführung des Verhaltens erforderlich sind. Die wahrge-nommene Macht ist die wahrgenommene Fähigkeit oder Überzeugung ein Verhalten kontrolliert auszuführen oder zu steuern zu können (Garms-Homolova, 2020, S. 24). Die wahrgenommene Verhaltenskontrolle lässt sich mathematisch wie folgt ausdrü-cken (Hale et al., 2002, S. 277):

$$PBC = \Sigma c_i \cdot p_i$$

Form. 4: Wahrgenommene Verhaltenskontrolle des TPB

(Quelle: Hale et al., 2002, S. 277)

PBC steht für die Verhaltenskontrolle, welche eine Funktion aus der Kontrollüberzeu-gung c_i und der wahrgenommenen Macht p_i ist. Abb. 5 zeigt die TPB in Form eines Kausalmodells.

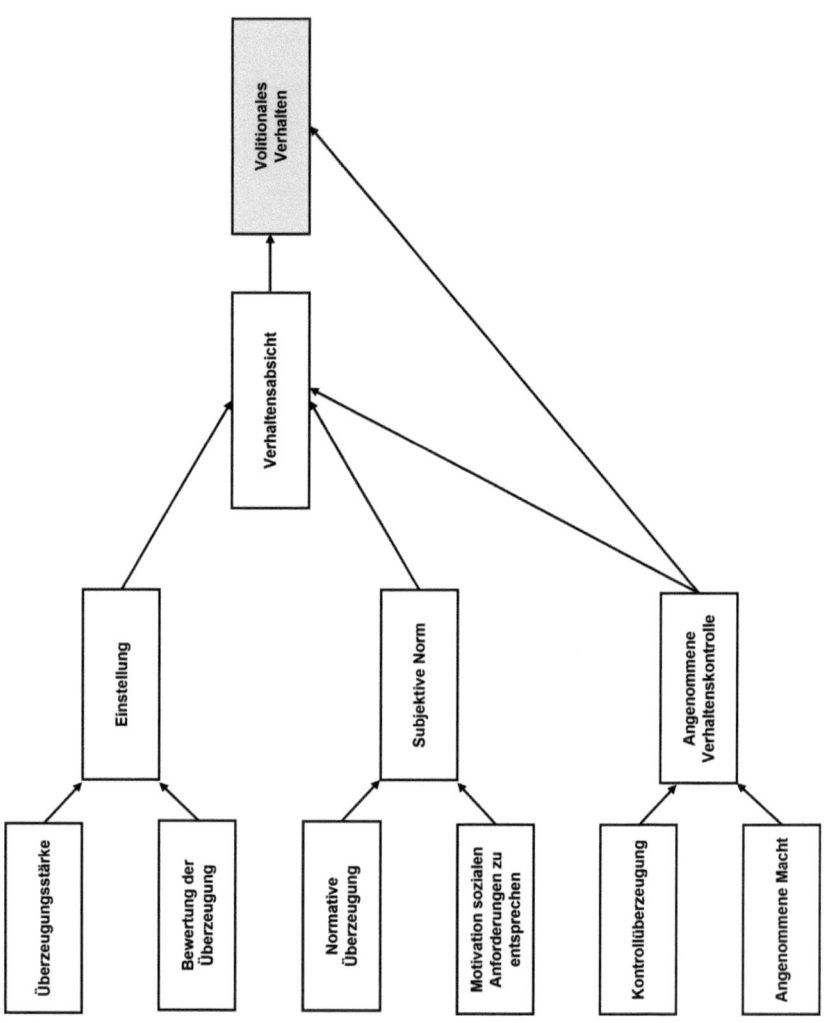

Abb. 7: Kausaldiagramm der Theorie of Planned Behavior

(Quelle: Eigene Darstellung in Anlehnung an Hale, Householder & Greene, 2002, S. 278)